AF231626

MONSIEUR ET TRÈS-HONORÉ CONFRÈRE,

Depuis plusieurs années, j'ai eu l'honneur de vous envoyer quelques brochures, remplies d'observations médicales, constatant les heureux effets des moyens de traitement que renferment les Thermes de Saint-Amand.

Je ne crois pas devoir en publier d'autres pour le moment sur le même sujet, et me bornerai cette fois à vous rappeler quelles sont les maladies qui se traitent le plus habituellement dans cet établissement, l'un des plus beaux de ce genre qui se trouvent en France; mais avant je jetterai un coup d'œil sur sa situation.

Les Thermes de Saint-Amand, propriété du département du Nord, sont situés à trois kilomètres de la ville de ce nom, à onze de Valenciennes et à treize de Tournai.

Ils se composent de bâtiments ayant plus de trois cents mètres de développement et pouvant loger plus de cent personnes.

L'établissement est environné de jardins, de pelouses qui bordent de belles allées de charmilles, et le tout aboutit à une magnifique forêt dans laquelle sont ménagées des avenues, promenade habituelle des malades; l'une d'elles, dite l'*Allée du Prince*, a été construite par ordre du roi de Hollande, père de l'empereur Napoléon III, en reconnaissance des bons effets qu'il avait obtenus du traitement par les boues minérales dans une grave maladie.

Les moyens de traitement que renferment les Thermes de Saint-Amand consistent dans les douches, des bains de boue et des eaux minérales sulfureuses qui sont presque exclusivement employées en boisson, les boues leur étant préférées pour les bains.

Les boues se trouvent dans une vaste rotonde vitrée; elles sont divisées en soixante-deux cases boisées, environnées de rideaux que l'on ouvre une fois que le malade y est placé. Quelque temps avant l'ouverture de la saison, la boue de chaque case est enlevée et remplacée par des terres prises dans une prairie tenant à la rotonde, toutes pénétrées de sources sulfureuses contenant les mêmes principes, quoiqu'en moins grande quantité que celles du bassin de boue, mais elles en sont bientôt saturées par les sources qui sourdent continuellement du fond des cases. Les malades conservent la leur pendant toute la durée du traitement; après, la boue en est encore changée par d'autres tenues en réserve, et comme les sources y arrivent sans cesse et sans cesse s'en échappent pour s'écouler en dehors par de petits aqueducs qui communiquent à chaque case, elles entraînent toutes les parties solubles étrangères aux boues.

Les boues sont noires et répandent une forte odeur sulfureuse ; elles sont mises au degré de chaleur voulue par les malades. Quand elles sont quelque temps en repos, on voit sur la légère couche d'eau qui les recouvre des conferves sous des aspects différents.

Cette substance amorphe, inorganique, selon les uns, appartenant au règne végétal selon les autres, se fait aussi observer dans le fond des petits aqueducs dont nous parlons ci-dessus; tandis que leurs parois latérales sont recouvertes de fins cristaux jaunâtres de sulfure de fer d'une saveur chaude et très-piquante.

Les boues se prennent en bains tous les jours.

La plupart des malades s'en abstiennent avec raison un jour dans la semaine, souvent le dimanche, pour aller entendre la messe à la chapelle de l'établissement. La durée des premiers ne doit pas dépasser une ou deux heures ; mais après quelques jours elle peut être progressivement augmentée jusqu'à quatre et cinq heures ; pendant ce temps les malades lisent, écrivent, jouent à différents jeux ; beaucoup de dames s'occupent de travaux d'aiguilles et tous y font un premier déjeuner ; ces bains n'ont donc rien de bien désagréable pour eux.

C'est à la longue durée des bains que doivent être, en grande partie, rapportés les bons résultats qu'ils pro-

duisent ; car en admettant que leur degré de sulfura-
tion ne soit pas plus élevé que celui des eaux sulfureuses les plus suivies, on conçoit que les effets en doivent être plus marqués puisque le corps y est soumis
beaucoup plus longtemps ; tandis qu'on ne peut rester
plus d'une heure ou une heure et demie dans un bain
d'eau simple ou minéralisée, sans qu'on y éprouve
une gêne, une anxiété qui obligent d'en sortir, on
reste facilement dans la boue pendant quatre et cinq
heures consécutives à cause de la densité qu'elle pré-
sente.

Dans la plupart des cas la douche précède le bain
de boue ; on la reçoit en colonne si la partie malade
n'est pas douloureuse et qu'il soit convenable de ré-
veiller sa sensibilité ; ou en arrosoir si elle est sensible.

Aussitôt qu'elle a rougi, tuméfié la peau, que sa
faculté absorbante a été ainsi accrue, le malade entre
dans la boue.

**Maladies contre lesquelles les Eaux et les Boues miné-
rales des Thermes de Saint-Amand sont le plus souvent
employées.**

Rhumatisme musculaire et articulaire. — Presque
tous les établissements thermaux ont préconisé l'effet
de leurs eaux contre le rhumatisme ; cependant il est
bien reconnu que c'est la médication sulfureuse qui
compte le plus de succès dans cette affection ; que les
douleurs musculaires soient fixes ou mobiles, nous les
voyons rarement résister aux bains de boue et aux
douches.

La persistance de cette maladie est beaucoup plus grande quand elle siége dans les articulations, et le résultat du traitement moins assuré. Quand les ligaments, la gaîne des tendons, le tissu cellulaire ne sont qu'engorgés, la résolution de l'inflammation s'opère facilement, surtout si cette inflammation n'est pas très-ancienne; mais quand elle est profonde, que la capsule synoviale est intéressée, la guérison est plus difficile, elle l'est surtout quand le cartilage de la surface articulaire des os, les os eux-mêmes sont malades, qu'il y a tumeur blanche. Il faut souvent, dans ces cas, plusieurs saisons pour arriver à une guérison qui ne s'obtient toutefois que lorsque le malade est dans de bonnes conditions hygiéniques, encore l'ankylose survient-elle presque constamment.

Les affections des articulations ne se traduisent pas toujours par le gonflement des parties molles, et par l'hypertrophie des extrémités articulaires des os. Nous en voyons chaque année n'offrant aucun signe extérieur de maladie, seulement la marche est plus ou moins gênée et l'articulation le siége de bruits qu'on regarde généralement comme dépendant de la sécheresse de la capsule synoviale qui ne secrète plus ; cet état, en apparence peu grave, ne se dissipe presque toujours qu'avec beaucoup de lenteur.

Goutte. — On ne va pas aux Thermes de Saint-Amand pour la goutte, mais bien pour les lésions de tissu qu'elle occasionne, ainsi que le rhumatisme dans les articulations. Cependant nous pouvons affirmer que, depuis dix ans, nous n'avons pas vu une seule attaque de cette maladie survenir pendant le traitement, bien que les malades ne se crussent pas débarrassés de leur affection, ou, si l'on veut, de la cause qui l'avait produite.

Entorse, luxation, fracture. — Depuis que les boues minérales de Saint-Amand sont employées, elles ont été préconisées dans les engórgements survenus à la suite de ces accidents. Je les ai toujours vues dans ces cas opérer de bons effets. Dans les entorses elles donnent de la souplesse aux ligaments et rendent la marche plus facile. Toutefois, quand la maladie est aux extrémités inférieures, on ne doit pas s'empresser de quitter les béquilles; il faut attendre que la marche n'excite plus de douleurs, sans cela l'inflammation se réveille, la guérison est retardée. Les boues ont également de bons résultats dans les suites de fractures. En 1859 nous avons vu un cal des plus volumineux, provenant d'une fracture comminutive des deux os de la jambe chez un officier de cavalerie belge, considérablement diminué par l'effet du traitement : le gonflement, l'induration du périoste s'étaient dissipés, la tumeur n'était plus formée que par les os qui chevauchaient l'un sur l'autre. Nous avons publié cette observation qui démontre si manifestement la grande puissance résolutive des boues.

Plaies. — Les anciennes plaies s'avivent toujours par l'action des boues et assez souvent se cicatrisent.

Dartres. — Quand on sait que le soufre et des substances végéto-animales entrent en proportion notable dans la composition des boues, on ne doit pas être surpris de leur efficacité dans les affections herpétiques. Presque toujours elles disparaissent ou s'améliorent. Je dis presque toujours, parce que plusieurs fois nous avons vu des malades revenir à nos thermes pour se soumettre à un second traitement, leur affection ayant reparu ; mais ce sont là des cas exceptionnels. Nous ne dirons pas non plus que le succès est assuré dans toutes les espèces de dartres, car nous n'avons observé jusqu'à présent que des eczémas et des ptyriasis.

AFFECTIONS DES VOIES URINAIRES.

Gravelle. — Quand les calculs sont formés d'acide urique, ils disparaissent par le seul usage des eaux sulfureuses en boisson ; mais il n'en est pas de même s'ils sont d'une autre composition.

Cystite chronique. — Chaque année l'établissement reçoit des sujets atteints de cystite chronique. L'effet des eaux est presque constant dans ces cas. Les sécrétions muqueuses ou purulentes de la vessie diminuent ou cessent tout à fait, les urines perdent leur odeur ammoniacale. Les malades quittent les thermes généralement satisfaits.

Maladie des voies de la respiration. — Quand les

anciennes bronchites ne sont pas compliquées de tubercules, elles s'améliorent ou se guérissent par l'usage de nos eaux sulfureuses, comme aussi par l'effet du séjour des malades dans une localité très-salubre due à la vaste forêt qui entoure l'établissement.

Scrofule. — La médication sulfureuse thermale est généralement conseillée en France dans la scrofule; mais moins pour combattre cette diathèse que ses manifestations, car ce n'est pas en un mois qu'on peut modifier l'organisation vicieuse à laquelle se lie cette maladie. Au nombre des accidents que détermine la scrofule il faut mettre les engorgements, les abcès dans les parties molles qui environnent les articulations et la carie des os qui les forme; dans ces cas, les boues produisent de bons effets.

Tous les ans l'établissement reçoit des coxalgies qu'on regarde généralement comme un effet de la scrofule; les enfants ne nous sont amenés que lorsque la tête du fémur a été chassée de sa cavité, et quand souvent des abcès sont survenus dans le voisinage de l'articulation iléo-fémorale; abcès fistuleux qui, comme on le sait, ne se guérissent qu'avec beaucoup de difficulté. Dans ces cas encore, le traitement n'a d'autres résultats que ceux dont nous avons parlé plus haut; mais chez six sujets dont nous avons recueilli les observations, qui n'avaient point d'abcès, il n'en est pas survenu depuis le traitement, ce dont nous nous sommes assurés longtemps après. Si d'autres faits venaient justifier cette action préventive des boues, il serait bien avantageux d'avoir une médication qui ne pourrait sans doute, pas plus que tous autres moyens, remédier à la luxation du fémur, mais qui préviendrait les accidents dont nous parlons qui en sont une conséquence fâcheuse, par suite de l'affaiblissement auquel entraîne une abondante suppuration.

Névralgie. — Les névralgies sont heureusement influencées par les bains de boue quand leur siége permet d'appliquer le remède sur la partie souffrante, comme dans la sciatique.

Le fait le plus grave de ce genre d'affection que nous ayons vu à nos thermes concernait un mineur atteint d'une névralgie intercostale, qui avait été forcé de s'abstenir de son travail habituel pendant près de deux ans. Il arriva aux Thermes de Saint-Amand dans le mois de juin 1857. Il ne pouvait marcher que difficilement et le corps très-courbé; les douleurs se réveillaient toutes les nuits, ses souffrances lui avaient fait perdre l'appétit et rendu les digestions pénibles. Après un mois de traitement les douleurs avaient complétement disparu, le corps s'était redressé et la marche était redevenue facile. Cette grande amélioration lui permit de reprendre son travail.

Maladie de l'appareil cérébro-spinal. — Nous avons publié en 1857 et 61 [1] deux écrits constatant les bons effets des bains de boue dans les paralysies dépen-

---

[1] Chez Jules Masson, libraire, rue de l'Ancienne-Comédie, 26.

dantes de la moelle épinière et du cerveau ; ils justi-
fient ce que disait, en juin 1748, le célèbre Morand
dans le *Journal des Savants*, que la paralysie, la
sciatique, le rhumatisme et les maladies des articulations étaient celles qui se guérissaient le plus souvent
aux Thermes de Saint-Amand.

Parmi les faits que nous avons publiés, il s'en
trouve plusieurs ayant tous les caractères de l'ataxie
locomotrice, maladie, comme on le sait, d'une guérison
excessivement difficile.

Maladie de la matrice et de ses annexes. — De
toutes les maladies qui se traitent aux Thermes de
Saint-Amand, il n'en est peut-être pas une dont la
guérison soit plus assurée que celle de la matrice,
quand elle ne consiste que dans son engorgement ou
son inflammation chronique, avec ou sans hypertrophie et ulcération de son col, ayant pour principal
symptôme une difficulté de la marche, suite du dépla-
cement de l'organe. Nous en avons publié des faits
très-remarquables dans l'*Abeille médicale* des 5 et
12 septembre 1859.

Ce qui prouve l'influence des boues sur le principal
organe de la génération, c'est que presque toujours
elles font avancer les règles de sept à huit jours chez
toutes les malades, même chez celles dont ce viscère
est parfaitement sain, et les rétablissent lorsque l'amé-
norrhée ne tient pas à une maladie grave ; aussi pro-
duisent-elles de bons effets dans la chlorose, quand
cette affection se complique de leur disparition.

Mais, nous le répétons, ce n'est que dans les cas où la maladie de l'utérus et de ses annexes dépend d'une inflammation, que le traitement réussit ; il n'en serait pas ainsi si elle tenait à toute autre cause.

Les ouvrages de MM. Constantin James, Roubeau, Durand-Fardel, Pétrequin et Soquet, attestent ce que nous venons de dire sur la médication thermale de Saint-Amand.

Comment s'opèrent les effets thérapeutiques des boues ?

Leur action est évidemment très-complexe, de même que celle de toutes les eaux minérales. Leurs principes minéralisateurs sont absorbés avec l'eau qui les tient en dissolution, mais quels sont leurs effets ultérieurs ? On ne peut qu'émettre des hypothèses à ce sujet. Toutefois, il nous paraît très-probable qu'ils surexcitent tous les organes, tous les tissus organiques, ce que semblent indiquer l'accélération de la circulation, l'augmentation des fonctions des intestins, du foie, des reins, de la peau, etc. ; et de cette excitation toute physiologique, résulte la révulsion de l'inflammation qui constitue le plus grand nombre de nos maladies ; car on ne peut croire que ces eaux agissent par une action spéciale, élective, sur les parties affectées, comme cela a lieu par certains médicaments.

Mais, indépendamment de cette révulsion interne, il en est une autre par les boues qui est des plus manifestes : c'est celle qu'elles exercent sur la peau et qui se fait observer par la rougeur, le prurit de cette membrane, et surtout par les éruptions qu'elles y développent souvent ; révulsion légère, si on ne la considère que sur un seul point de cette enveloppe, mais très-énergique quand on pense qu'elle se produit dans presque toute son étendue.

CHARPENTIER,

Membre correspondant de l'Académie Impériale
de Médecine, etc.

P .S. Pour arriver aux Thermes de Saint-Amand, si l'on vient de l'intérieur de la France ou de la Belgique, on prend le chemin de fer du Nord jusqu'à Raisme, station qui précède ou suit celle de Valenciennes. Là se trouvent des voitures qui, en une demi-heure, vont à l'établissement.

Paris.— Imp. Jules Bonaventure, quai des Grands-Augustins, 55.